Inhalt

Vorwort .... - 6 -

Neuanfänge .... - 7 -

Weglaufen .... - 8 -

Nur eine Sekunde .... - 14 -

Ein kleiner Raum .... - 15 -

Angst .... - 19 -

Maskenbildner .... - 24 -

Nacht .... - 25 -

Zwei Fragen .... - 29 -

Tanzen .... - 32 -

Fassadenspiel .... - 37 -

Weglaufen II .... - 38 -

Dämonen .... - 40 -

Tag für Tag .... - 41 -

Gedanken denken .... - 43 -

Das ist Liebe .... - 49 -

Erwachsen werden .... - 50 -

Über Depressionen .... - 51 -

Ein kleiner Kampf ums Weitermachen .... - 53 -

Das Meer (Vielleicht können die Wellen unsere Sorgen brechen) ....- 54 -

Liebe ....- 55 -

Lass mal an uns selber glauben ....- 56 -

Musik ....- 57 -

Liebe II ....- 58 -

Weglaufen III ....- 60 -

Zusammensetzen ....- 63 -

Ich hab so viel zu sagen ....- 64 -

Impressum

Bibliografische Information der Deutschen Nationalbibliothek:

Die Deutsche Nationalbibliothek verzeichnet diese Publikation in der Deutschen Nationalbibliografie; detaillierte bibliografische Daten sind im Internet über http://dnb.dnb.de abrufbar.

©2017 Marie Dickmann

Herstellung und Verlag:
BoD – Books on Demand, Norderstedt

ISBN: 9783743193444

Für die, die immer an mich geglaubt haben.

„It's better to burn out than to fade away"
- Kurt Cobain

Vorwort

Dieses Buch steckt voller Herzblut, Leidenschaft und eigenen Erfahrungen. Manche mögen es Lyrik schimpfen, andere stempeln es als wirre Gedankengänge eines naiven Mädchens ab.

Die Texte scheinen wahllos aneinandergereiht, aber es hat alles einen Sinn denn auch in einer Welt außerhalb von Buchstaben weiß man nie, was einen erwartet.

Indem ich Themen wie Depressionen offen anspreche, hoffe ich, einen kleinen Teil dazu beizutragen, das Thema psychische Erkrankungen ein wenig zu enttabuisieren.

Neuanfänge

Jedes Jahr zu Silvester
die in prickelnde Gläser
geblubberten Vorsätze,
die verschwinden unter dem Knall
hell leuchtender Farben.

Weglaufen

Wir sitzen in diesem Auto, die Musik ist laut
und draußen zieht das Leben im Sekundentakt
vorbei.
Kilometer für Kilometer verändert sich die
Landschaft,
Kilometer für Kilometer lassen wir alles
zurück.

Wir schreien unsere Lieblingssongs gegen den
Fahrtwind
hinein in die Nacht.

Und zusammen mit den Lichtern am
Straßenrand
verschwimmen unsere Gedanken,
bis wir alles zurücklassen.

Wir rennen vor uns davon.
Rennen weg von diesem Leben
ohne Sinn und ohne Inhalt
- reden wir uns ein.

Wir war'n gefangen in unserer Welt
und mit jedem Kilometer,
der sich dazwischen schiebt,
zerbricht dieses Konstrukt aus Zahlen immer
mehr.

Und wir reden uns ein, dass Weglaufen funktioniert.

Wir sind frei,
Vögel im Wind,
Schwalben, nein Adler – denn wir beherrschen den Moment.

Und wir lachen und reden und sind genau hier,
Malen unsere Zukunft in Pastellfarben an die Wände,
Sind Superhelden,
Könige nur mit Kippen und Tequila,
Alleskönner und Allesversteher
mit Tatendrang und Endorphinen in unserer Brust.
Wir sind eine Supernova,
ein Vulkanausbruch
und vielleicht ist es better to burn out than to fade away

und ausnahmsweise ist die Flasche mal halbvoll und nicht halbleer.

Und wir reden uns ein, dass Weglaufen funktioniert.

Wir sind Querdenker,
immer lieber links als rechts.
Weltenveränderer
und Steineschmeißer.

Wir sind Querfeldeinrenner,
auf Mauern Balancierer
und kippeschnippend auf Banklehnen Sitzer.

Wir sind mit überdimensionalen Pinseln
Sonnenuntergänge an den Himmel Maler,
Ozean Verehrer,
Auf Regentropfenwettrenn Setzer.

Wir sind lautes Lachen,
Lieblingssong in die Nacht Brüller
Blumenkronen Bastler.

Du bist mein zuhause
und wenn du sagst, du willst geh'n,
bekomm' ich Heimweh,
also kannst du jetzt noch nicht geh'n

Und wir reden uns ein, dass Weglaufen funktioniert.

Wir verlieren uns in dem Moment
und finden uns nie wieder,
verlaufen uns in unseren Träumen
und schlagen mit dem bisschen Wut in uns beiden
die Wände ein, auf denen so überzeugend
„Ausgang" steht.

Lösen uns von Fesseln und Barrikaden,
bauen eine Stadt aus leuchtenden Farben,
in der jeder willkommen ist.
Denn wir scheißen auf Rassismus,
was sollen Farben und Grenzen schon bedeuten
und an einen Gott der Liebe bestraft, wollen wir nicht glauben.

Wir trennen den Schaden von der Freude
und sind verdammt nochmal unendlich –
solange wir nicht stehen bleiben.

Denn stehen wir still', kommt alles wieder hoch,
unsere Gedanken folgen uns
über Mauern und Bäche,
gesicherte Grenzen und Ozeane.

Und wir fragen uns, ob es jemals darum ging
irgendwo zu bleiben.

Und wir reden uns ein, dass Weglaufen funktioniert.

Also rennen wir weiter durchs Leben,
behaupten voller Überzeugung, dass wir echt sind,
dass wir leben,
dass wir glücklich sind.
Obwohl wir gar nicht wirklich fühlen.

Denn wir haben uns verloren.
Verloren im Streben nach Perfektion
und Glück – obwohl das ein Widerspruch in sich ist,
denn schöne Dinge sind nicht perfekt.

Verloren in den Spuren im Sand,
weil wir zwischen den ganzen Fußstapfen
nicht mehr den Weg zurückgefunden haben.

Verstreuen immer mehr Teile von uns
im World Wide Web
und im Universum.

Wir müssen lernen, nicht nur das „Jetzt",
sondern das ganze Leben zu akzeptieren,
denn weglaufen funktioniert solange man nicht
stehen bleibt.

Und wenn wir geh'n,
wird sich die Erde weiter drehn
und uns eventuell vergessen
und ich weiß, das macht dir Angst,
aber wir sind Sternenstaub und das beweist,
wir warn schon einmal hier.

Und wenn wir versteh'n,
dass Weglaufen eine Illusion ist
und Illusionen verschwimmen,
Und dass wir nicht nur eine traurige
Geschichte sind

kehren wir zurück
- in unser Konstrukt aus Zahlen.

Nur, dass wir die Masken abgelegt haben
und jetzt seh'n, wir sind gar nicht so
verschieden
und dass es an der Zeit ist,
einfach mal zu fühlen.

Denn nur wer fühlt, kann auch tatsächlich leben.

Also lass uns jetzt mal was riskieren
und dabei drauf scheißen
ob wir was verlieren.

Denn wir können alles sein,
wenn wir fest daran glauben.

Lass uns wieder werden,
wer wir sein wollen
und nicht,
wer wir glauben sein zu müssen.

Nur eine Sekunde

Nur ein Augenblick,
ein Schatten,
eine schnelle Bewegung,
mehr nicht.

Nur ein Stupser,
eine elektrisierende Berührung,
schon vorbei.

Nur ein Geruch,
ein Hauch von Parfum,
zieht vorüber.

Nur ein Geschmack,
ein Prickeln, eine Explosion
einfach verschwunden.

Nur ein Laut,
eine kleine Melodie
sie war da.

Vor einer Sekunde.
Veränderungen.
Nur eine Sekunde.

Ein kleiner Raum

„Es ist kein Ort. Vielmehr ist es ein Gefühl, ein Geruch, eine Person. Es sind Erinnerungen, die sich wie kursiv gedruckt durch meine Gedanken winden. Erinnerungen, die blinkenden Reklamen gleichen und herausstechen aus einem graubunten Einheitsbrei. Es sind die Dinge, die mir als erstes in den Sinn kommen, wenn ich alleine bin, mich alleine fühle, scheinbar verlassen. Ein Stück davon trage ich immer mit mir herum. Nicht nur Erinnerungen wie Bilder oder Momente, auch Gerüche wie Zimt oder dem Geruch deiner frisch gekochten Lieblingsspeise. Gerüche von Personen, die mich umgeben, Personen, die mich umgaben. Liebe, Angst, Wut, Trauer, Hass. Gefühlschaos und eine absolute Klarheit. Ein Vertrauter, mehrere Vertraute. Das ist Heimat. Kein richtiger Ort, sondern ein Platz in meinen Gedanken. Ein kleiner Raum, der gut geschützt ist, den ich immer bei mir habe und niemals verliere. Er ist einfach zu betreten und unerreichbar weit weg für die, die es nicht verstehen, die es nicht verdienen."

Du schaust mich lange an. Dein Gesicht ist voller Verständnis und voller Fragen. Für dich war Heimat immer ein Ort, das hier war deine

Heimat. Dieses kleine Zimmer mit dem Bett aus Europaletten und der Patchwork-Decke, die du besitzt seit du fünf Jahre alt bist. Ich denke, du hast dir nie wirklich Gedanken darüber gemacht, dass Heimat viel mehr als das ist. All diese materiellen Dinge vergehen. Und wenn sie das einzige sind, was Heimat für dich ist, ist auch deine Heimat vergänglich. „Aber das hier ist meine Heimat. Dieses Haus und diese Stadt. Heimat ist ein Ort.", sagst du. „Vielleicht. Aber stell dir mal vor, es gäbe dieses Haus nicht mehr. Diese Stadt nicht mehr. Wärst du dann heimatlos? Oder was ist mit all den Menschen, die fliehen? Ihre Heimat verlassen, weil dort Krieg herrscht, weil sie verfolgt werden. Dann ist all das Materielle verschwunden und der „Ort" Heimat ebenfalls. Doch trotzdem bleibt dieser Ort ihre Heimat. Weil dort Menschen sind, die sie lieben und vielleicht verloren haben. Weil dort gute und schlechte Erinnerungen haften. Sie haben Traumatisches erlebt, Dinge, die vergessen werden wollen, ja. Aber auch unendliche Glücksgefühle. Die Geburt des Sohnes, ein eigenes Haustier oder ein wirklich guter Freund. Also, was ist Heimat für dich?"

Wieder schaust du mich an. Länger dieses mal. Deine Stirn legt sich in diese kleinen Falten, nicht so tief wie wenn du dir Sorgen machst, sondern genauso, wie wenn du nachdenkst.

Und dabei kneifen sich deine eisblauen Augen zusammen, so als würdest du in deine Gedanken reinschauen wollen, jeden Moment aufsaugen und Erinnerungssplitter zusammensetzen. Während ich dich so anschaue, wird mein Herz warm und auch, wenn ich es nicht hoffen möchte, hoffe ich, dass auch ich ein Stück Heimat für dich bin. Denn das bist du für mich. Heimat.

Ich denke an diese Nächte, in denen wir unendlich sind und Endorphine wie Funken durch die Luft sprühen während wir auf einem Parkhausdach sitzen und unsere Lieblingslieder mitschreien. Wut und Frust steigen in die Nacht zusammen mit Zigarettenrauch. Zusammengedrängt in einem Menschenmeer, angetrieben von wummernden Bässen und du neben mir, genau so, dass ich deinen Herzschlag spüren kann.

Du fängst an zu lächeln. Nicht dieses Fassadenlächeln, sondern dieses wirklich Echte, bei dem sich zuerst die Mundwinkel kräuseln und langsam nach Oben bewegen und die Augen anfangen zu Strahlen. „Ich weiß, was du meinst.", sagst du, „Heimat ist meine Familie und meine Freunde. Heimat ist der Geruch von selbstgemachten Karamellbonbons und Keksen. Das Auskratzen der Teigschüssel und durch die

Küche tanzen. Oder erinnerst du dich an meinen Hund? Der Geruch seines Felles, das leise Bellen und auch das Gefühl der Trauer, als er gestorben ist, ist Heimat. Die schönsten Erinnerungen. Durchgemachte Nächte, vor dem Kamin sitzen und eine heiße Schokolade trinken, ein gutes Buch. Und du. Du bist meine Heimat."

Angst

I

Die Angst steht im Raum wie ein kleines
schwarzes Monster,
das seine Finger nach uns allen ausstreckt.
Die Angst, vor dem Alten und dem Neuen,
der Vergangenheit und der Zukunft.
Sie füllt diesen leeren Raum, so dass man fast
Platzangst bekommt
und in die verbleibenden Zwischenräume
sind abertausende Fragen gequetscht.

Fragen, wie: „Wo ist die Menschlichkeit
geblieben?"
In all diesen Kriegen, in der neuen Zeit,
der Welt 2.0 oder steht schon das Update
bereit?
Du bist eine Festplatte, die von Viren befallen
ist,
deine Gedanken kreisen lässt.

Ein Softwarefehler, der dich abstürzen lässt.

Augenringe bis zu den Knien und noch viel
weiter,
blasse Gesichter, vielleicht sind wir schon tot
aber arbeiten weiter, weil wir einfach nicht
aufhören können?

Die Zombie Apokalypse ist schon lange da,
aber keiner ist gefährdet, weil wir keine
Gehirne mehr haben.

Aber wozu braucht man die auch noch,
es gibt ja das Internet, alle Informationen stetig
auf Abruf bereit.
Eine Frage stellen und innerhalb von
Sekunden
tausende von Antworten ausgespuckt
bekommen.

II

Es ist die Angst, dass irgendwann alles durch
Maschinen ersetzt wird.
Dabei wird übersehen, dass genau das
eingetreten ist.
Keine Maschinen aus Stahl so wie in den
ganzen Filmen,
wo Roboter die Weltherrschaft übernehmen,
es sind Maschinen aus Fleisch und Blut.
Wir.
Perfekte Maschinen, Zahnrädchen in einem
Getriebe,
welche zu der größten Maschine überhaupt
gehören.
Der Welt.

Leben, um zu arbeiten, wie mutierte Ameisen.
Alles läuft nach Plan, geh in die Schule, mach

dein Abitur
und wenn möglich bitte mit 1,0.
Denn du musst die Elite sein, dann bist du vielleicht
nicht nur ein Rädchen sondern ein Rad
und dir stehen alle Möglichkeiten offen.
Geh studieren, aber sei der beste.

Leistungsdruck,
Druck,
Kaputt?

Ein bisschen Öl dran, dann läuft das Rädchen schon wieder.
Emotionen haben keinen Platz in dieser perfekten,
glatt geschmirgelten Welt.
Sei rund, sei glatt, eck nicht an mit deinen Ecken und Kanten,
diese, die dich anders machen.

Individualität ist hier fehl am Platz,
sei uniform, Schritt halten, mit den anderen mithalten.
Sei schneller, besser, stärker, steigere dich,
bleib nicht stehen, niemals anhalten,
denn das könnte dein Ende sein.

Wenn du nicht passt, wirst du aussortiert.
Vielleicht, weil du dir eine eigene Meinung bildest

und nicht die Meinung anderer als deine
verkaufst.
Oder weil du kein Sklave deines Smartphones
bist
und wie ein Zombie deinen Blick nicht von
diesem hellen,
leuchtendem Display abwenden kannst.

Was es auch sein mag, du passt nicht rein
in diese perfekt geölte Maschine, sorgst dafür,
dass nicht alles glatt läuft, dass die Produktion
ins Stocken gerät,
die Erde sich nicht mehr einwandfrei dreht.

III

Es ist die Angst vor der Zeit,
der kleine Bruder der Angst, die uns im
Nacken sitzt
mit einer Knarre in der Hand.
Bereit, jede Sekunde abzudrücken.

Die Zeit ist ein Sadist, wenn man sie nicht
nutzt,
denn sie vergeht einfach so
und nimmt keine Rücksicht auf Verlust.

Stück für Stück stielt sie einem das Leben,
bis es auf einmal so weit ist, dass man
zurückblickt
und feststellt, wie viele Chancen man hat

verstreichen lassen,
als Sklave des Systems, der Gesellschaft.
Chancen vertan an Erwartungen, an die
falschen Leute.

Dann ist die Reue das neue Monster.
Die Reue, zu viele Dinge nicht getan und
andere Dinge zu viel getan zu haben.

Aber schlussendlich lebt man doch für sich.
All diese Ängste sollten das Leben nicht
bestimmen
und nicht den Lebenssinn wegnehmen.
Keiner hat die Pflicht irgendwem irgendwas zu
beweisen
oder jemanden zufriedenzustellen,
außer sich selbst.

Maskenbildner

Du, du bist ein professioneller Masken- und Fassadenbildner.
Ein makelloser Lügner
und perfektionierter „Mir geht's gut"
Verwender.

Aber vielleicht solltest du
dir etwas weniger Mühe geben,
die Fassade aufrecht zu erhalten,
weil du dich doch nur selbst verlierst
und irgendwann gar nicht mehr weißt,
wer du bist.

Nacht

In der Tiefe der Nacht
kommen deine Dämonen zum Vorschein
und du kannst nicht beurteilen,
was echt ist und was nicht.

Deine Gedanken sammeln sich,
so entzündlich,
dass ein Funke reicht, damit sie explodieren.

Du hast die emotionale Stabilität einer
Pusteblume.
Ein Windhauch reicht,
um dich zu zerstören.
Ein kleiner Tropfen,
der dein Fass zum Überlaufen bringt.

Und während du laut deine
Lieblingslieder singst,
um den Krieg in deinem
Kopf zu übertönen,

kannst du doch nicht entfliehen,
denn du stehst genau zwischen den Fronten.

Du weißt, du musst all das hinter dir lassen,
aber so steinig dein Weg auch ist,
was, wenn der neue noch schlimmer ist?
Und sowieso bist du ein Gewohnheitstier,

verlierst dich nie im Hier,
sondern immer in der Vergangenheit.

Aber du musst lernen loszulassen,
denn während du versuchst diese Last zu ertragen,
wirst du erdrückt.

Denn deine Sorgensplitter und
Erinnerungskrümmel lassen sich nicht
einfach zusammenkehren,
du kannst ihnen nicht den Platz
zum Atmen verwehren,
denn irgendwas bleibt immer hängen
in den Fugen deiner Gedankenwelt.

Und es sammelt sich,
bis du den Boden nicht mehr sehen kannst
und du weißt nicht, ob du fliegst oder fällst.
- Bis du eine Bruchlandung hinlegst.

Und jedes Mal, wenn du fällst,
stehst du wieder auf.
Wieder
und wieder
und wieder

bis du einfach liegen bleibst.

Aber versteh' doch, dass du weiter aufstehen musst,

denn die Kunst ist es doch,
auch die kleinen Siege zu feiern
wie die großen.

Zwei Fragen

Sie sieht die hochgezogenen Augenbrauen und abwertenden Blicke ihrer Mitschüler.
Hört das leise Tuscheln der einen und das gebrüllte „Fett!" der anderen. „Welche Größe ist das? 3XL?", ruft einer, worauf lautes Lachen ertönt. „Haben dich selbst die Schweine verstoßen, weil du so fett bist?" grölt ein anderer. Tränen in den Augen. Zitternde Hände.

Ein Size-Zero-Mädchen reißt ihr die Tasche aus der Hand. „Willst du das Brötchen wirklich essen? Deine wievielte Mahlzeit wäre das denn heute?" Tränen laufen ihre Wange hinunter. Sie rennt weg. Lachen der anderen „Schwabbel, nicht so schnell oder willst du ein Erdbeben auslösen?". Das Lachen wird lauter. Immer lauter, es türmt sich auf zu einer Welle aus Spott. Sie wird immer größer, bis sie über ihr zerbricht und sie erdrückt. Sie will weg. Weit weg. Sie hasst sich, warum kann sie nicht so sein wie die anderen? Was hat sie getan, dass sie so aussehen muss?

Leute umzingeln sie. Werfen einen Schokoriegel zu ihr. „Hier sehen wir ein Walross der Extraklasse! Erleben sie nun live die Fütterung!", ein Junge, der auf einem Stuhl

steht. „Friss! Friss! Friss!" Rufe der anderen.
Sie bricht zusammen. Was kann sie tun? „Wie
wäre es mit Sport? Soll gegen Fett helfen.
Weißt du, was das ist, Sport?", fragt einer.
„Wenn sie sich einfach zu Tode frisst, haben
wir auch ein ekelhaftes Etwas weniger", ruft
eine andere. Unterstützendes Johlen der
Menschengruppe. Sie schaut auf. Keiner, der
ihr hilft. Höhnische, abwertende Blicke ist das
Einzige, was sie sieht. Mühsam steht sie auf.
Warum sie? Warum ausgerechnet sie? Zu viel.
Es ist zu viel. Lautes Aufschluchzen, worauf
lauteres Lachen folgt. Sie muss weg. Weit
weg. Sie quält sich durch die
Menschengruppe. Es nimmt kein Ende. Diese
Blicke.

Fast noch schlimmer sind die mitleidigen
Blicke derjenigen, die ein bisschen außerhalb
stehen. Nicht auffallen wollen, damit sie nicht
selber zum Opfer werden. Diese Blicke, die
sagen, dass es ihnen leid tut, wie sie behandelt
wird. Ein kleines Wort, das ihr helfen würde.
Ein kleines Wort, dass diesen Kampf nur
Sekunden unterbrechen würde. Ein Wort, das
sie niemals hören wird. Die Angst ist zu groß.
Sie ist allein, so allein.

Wäre alles besser, wenn sie weg wäre? Sie
würden sich ein neues Opfer suchen,

aber sie wäre frei. Es kümmert sich keiner um sie, keiner merkt, wie sie innerlich zerbricht. Vielleicht merken sie es auch, aber es interessiert sie nicht? Immer nur quälen sie zwei Fragen. „Wann wird es aufhören?" und „Was habe ich getan, dass ich so behandelt werde?"

Tanzen

Wacht man morgens auf,
ist das wie ein Neuanfang.
Aber du weißt nicht,
ob du jeden Morgen neu Anfang' kannst.

Also rotierst du täglich
zwischen „Was wäre wenns"
und „hätt ich doch Nurs."

Tanzt dabei Walzer auf der schiefen Bahn
und vielleicht auch zu nah am Abgrund.

Und während du dich um die Frage,
ob du immer so weitermachen kannst, drehst,
ist es fraglich, ob das bedeutet
dass du lebst
oder stirbst.

Aber bei diesem Tanz des Überlebens
hast du vergessen, wie man lebt,
und bei dem Versuch unsichtbar zu sein,
hast du dich selber verloren.

Und wenn du Richtung Zukunft sprintest,
bleibst du doch immer mit einem Bein in der
Vergangenheit
und vergisst dabei das Hier und Jetzt.

Zwischen Leistung und Druck
quält dich die Frage,
wann es mal Zeit zum Leben ist.

Denn du hast das Gefühl,
alle leben ihren Traum,
nur du sitzt zuhaus'
und träumst vom Leben.

Malst es dir aus,
in kunterbunten Farben,
aber schau, sie harmonieren nicht
mit der grellen Leuchtreklamenrealität.

Für dich ist das Leben
eine Spirale
die sich abwärts dreht.

Und verpackst du deine Gefühle
einmal in ein Vakuum,
um zwischen wummernden Bässen
einmal einfach alles zu vergessen.
Zertanzt du deine Gedanken
im Strobo Licht
und deine Selbstzweifel
lösen sich auf im Nebel der Maschinen.

Der Beat schlägt schnell,
aber dein Herz immer einmal schneller
im Rausch der Endorphine.

Und du tanzt.

Du tanzt.

Du tanzt die ganze Nacht.

Die Wolken färben sich lila
und wenn du realisierst,
dass du nicht unendlich bist,
verlierst du den Boden unter den Füßen.

Und wenn die Musik stoppt,
fühlt es sich an, als würde die Luft aus deinem
Körper weichen
und als hätten deine Lungen vergessen,
wie man atmet
und dein Herz, wie es nicht aufhört zu
schlagen.

Du kannst nicht mehr tanzen.

Und die verdrängten Gedankensplitter
bohren sich durch deine Fassade
und du versuchst so stark, sie zu wahren,
aber sie bricht
und sie bröckelt
und unter den Make-Up Maskeraden
bist nur noch du – im rosaroten Morgenlicht.

Und vielleicht stimmt es,
dass die Morgenstunden die ehrlichsten sind,

wenn alles noch frisch und unberührt ist,
die lauschenden Ohren noch schlafen.

Und in diesen Stunden bist du einfach du
und lässt den ganzen Scheiß, der dich zerfrisst
einfach mal zu.

Ich sage dir eins:
die Zukunft kann noch warten,
und deine Vergangenheit – sie wird dich
immer verraten,
und ja, vielleicht reimt sich Herz immer noch
am besten auf Schmerz,
aber dein Glas war doch immer halb voll und
nicht halb leer.

Und bevor wir wieder zu Statuen der
Unfähigkeit mutieren
und dein Lächeln zu einer grotesken Maske
gefriert,
lass' uns so tun, als wären wir für immer jung.
Pläne schmieden und wieder verwerfen
im Ozean der Glückseligkeit schwimmen
und Helden sein – nur für einen Tag.
Hoffnungsfunken aufblitzen lassen
und wer weiß – vielleicht nehmen wir ja auch
etwas mit
aus diesen frühen Stunden,
bauen eine Rüstung auf – so kann uns keiner
mehr verwunden.

Und wenn Fühlen ein Synonym für Leben ist,
dann bist du jetzt wirklich lebendig.

Vielleicht sind wir wirklich unsterblich,
wenn wir nur daran glauben,
denn wir haben doch nur uns
und noch ein kleines bisschen Stolz.

Fassadenspiel

„Alles in Ordnung?" Jeden Tag das gleiche Spiel. Die gleiche Frage, die gleiche Antwort, nein eigentlich eher ein Reflex, eine Lüge, die mir genauso einfach über die Lippen kommt wie das sanfte Lächeln, dass dort ruht. Eine Lüge wie eine Maske. Eine Maske, die das hässliche, von Trauer und Hass zerfressene Innere verdeckt. Eine Maske, die mir Wörter aus dem Mund fallen lässt, bei denen ich nicht weiß, was sie bedeuten. „Ja, mir geht es gut." *Gut? Was ist das für ein Gefühl? Ich spüre nur diese Leere, diese mich von innen durchbohrende Leere.*

Weglaufen II

„Wo fahren wir hin?" Ich lächle und zucke mit den Schultern. Ich weiß es nicht. Du wirfst den Kopf in den Nacken und lachst. Wir sind frei, einfach nur frei. Wie Flieger im Wind, Fische im Wasser oder diese glühenden Punkte nachts, weit weg von uns. „Ich meine es ernst. Wo fahren wir hin?", fragst du noch einmal. „Wohin wir wollen. Ehrlich, ich habe keine Ahnung." Wir schauen uns an und grinsen. Unser Lied läuft und ich drehe es noch etwas lauter. Singend und lauthals lachend, losgelöst von allem, fahren wir in die Nacht hinein.

Mit jedem Kilometer den wir uns von der Stadt entfernen, die wir nicht ausstehen können, werden wir entspannter. All die Last, der Stress, der Frust ist unser Benzin und wird mit einer Rauchwolke ausgestoßen. An einem dieser dunklen, zwielichtigen Autobahnparkplätze halte ich. Wir legen uns auf die Wiese, nur wir, eine Flasche Cola Zero und eine Schachtel Zigaretten. Das Rauschen der Autobahn und das Funkeln der Sterne und die Sehnsucht, grenzenlos zu sein.

Und das waren wir. Endlich waren wir frei, grenzenlos. Nach

all den langen nächtlichen Buchstabensalaten und Zeichenwirrwarren, in denen wir darüber sprachen, wie sehr uns all das anwidert, aufregt, ankotzt, in denen wir davon träumten wegzufahren, einfach so und doch beide dachten, dass wir niemals den Mut haben würden. Dass wir für immer in dieser kleinen Stadt am großen Fluss hängenbleiben würden.

Jetzt lagen wir hier, zwei kaputte Seelen, ohne Plan und ohne Ziel, weit weg von zuhause.

Dämonen

Unsere Dämonen tanzen
zusammen in den Schatten
unserer Verzweiflung,
bis die Morgensonne
sie vertreibt.

Tag für Tag

Tag für Tag dieselbe Routine.
Der Wecker klingelt,
aufstehen,
duschen,
anziehen,
schminken,
auf die Uhr schauen:

„Oh, schon so spät?",
der Coffee to go als Begleiter,
denn alles muss schnell gehen.

In die übervolle Bahn gequetscht,
Menschenmassen zwängen,
rollen,
schubsen
sich rein und raus.

Sitzt da und wartest, dass du dran bist.

Fassaden, lauter Fassaden.
Doch wo du hinschaust, müde Blicke,
genervte Blicke,
kalte Blicke,
tote Blicke.

Du hoffst.
Jeden Tag.

Auf einen Blick voller Emotionen
der deinen trifft.

Ein Lächeln,
ein „Hallo, wer bist du?"

Die große Liebe
in einer großen Stadt
finden.

Ist das möglich?

Kann das sein?

Man kann ja
nie
wissen.

Gedanken denken

Ein dauerndes Gedanken denken.
Nach vorne und zurück.
Tagein, Tagaus,
ein Leben lang.

Erwachen aus der Halbschlaftrance,
vor dem ersten Kaffee nicht ansprechbar,
Laune so schwarz wie der Kaffeesatz.

Der Pathos der das eigene Leben überzieht wie
Zuckerguss
tropft in den Ausguss
und du erinnerst dich,
dass du den Klempner rufen wolltest,
um dich zusammenzuflicken.

Im Zug zwischen starren Fassaden,
leicht wummernden Bässen
und sich in die Ecke drängende Melancholie.

Mir gegenüber ein alter Mann und ein kleines
Mädchen.
Ein ganzes Leben.
Ein Anfang und ein Ende.
Ein Start und ein Ziel.
Und ich weiß ich bin irgendwo dazwischen
und ganz weit entfernt.
Denn Zeiten ändern sich.

Zeiten ändern Generationen.
Zeiten ändern dich
und mich.

Irgendwo dazwischen.
Zwischen müde und wach.
Nicht Tod traurig, aber auch nicht glücklich,
Gefangen in einem halben Leben
Zwischen Wunschtraum und Realität.

Ein dauerndes Gedanken denken.
Nach vorne und zurück.
Tagein, Tagaus,
ein Leben lang.

Ich betrachte den Mann und überlege, was er alles schon erlebt hat.
Denke darüber nach, wie seine Jugend ausgesehen haben muss.
Frage mich, ob er mit den gleichen Monstern, die eines Tages beschlossen haben unter dem Bett hervor und in den Kopf zu kriechen, zu kämpfen hatte, wie ich.

Ich betrachte das Mädchen
und denke an die Zeit zurück, als ich so klein war.
Das ganze Leben vor einem.
Keine großen Sorgen.
Keine Verantwortung.

Und innerlich rege ich mich darüber auf,
dass sie schon ein Smartphone hat,
ein ganz tolles High End gerät mit so 'nem
Apfel hinten drauf.
Und ich denke daran, dass wir so etwas früher
nicht hatten
und was aus den Kindern von heute geworden
ist.

Ein dauerndes Gedanken denken.
Nach vorne und zurück.
Tagein, Tagaus,
ein Leben lang.

Und ich frage mich, ob der Mann mich
anschaut
und sich fragt, was aus der Jugend von heute
geworden ist.
Ob er auch gerne noch einmal jung wäre
oder froh ist, heute nicht mehr jung sein zu
müssen.

Ich frage mich, ob das Kind mich anschaut
und sich denkt „Ich wäre auch gerne
erwachsen"
und ob es noch die Illusion hat, dass es super
ist, erwachsen zu sein
Dass man frei ist, alles machen darf.

Ich würde ihr sagen, dass sie so lange Kind
bleiben soll, wie es geht.
Dass Verantwortung scheiße ist
und man vielleicht alles darf, aber keine Zeit
mehr hat
und wieder klein sein möchte.

Ein dauerndes Gedanken denken.
Nach vorne und zurück.
Tagein, Tagaus,
ein Leben lang.

Ich bin jetzt 18 und alle erwarten,
dass ich weiß, was ich will.
Aber wie soll ich wissen, was ich will?
Zwischen dem Satz des Pythagoras, Heinrich
Heine und Karl Marx
habe ich die Welt doch gar nicht gesehen.

Zwischen nächtelangem Tanzen und Lernen
weiß ich nur, dass ich Mathe und Französisch
nicht kann.
Werde also kein Mathematiker in Frankreich
Mehr weiß ich nicht.

Und immer heißt es dann
„Stell dich nicht so an" und
„Ich war auch mal in der Schule" und
ich frage mich, wie mir das jetzt helfen soll
denn du stehst vor mir,
mit einem Job

und einer Familie,
hast scheinbar alles erreicht
und trotzdem ist da etwas, was dir fehlt,
wenn man dir in die Augen sieht.

Und das ist es,
was mich unsicher macht,
dass ich auch später nicht glücklich bin,
dass ich weiter versinke in Selbstmitleid,
dass ich weiter an allem zweifle,
dass ich immer noch nicht weiß, was ich will.

Vielleicht mache ich mich auch nur verrückt,
aber es ist

ein dauerndes Gedanken denken.
Nach vorne und zurück.
Tagein, Tagaus,
ein Leben lang.

Und wenn du mir sagst
„Mir geht es gut",
kann ich es nicht glauben,
egal ob unter Tränen oder Lachen,
Irgendwie ist es immer falsch.

Und verdammt,
ich glaube mir ja selber nicht mehr,
außer ich kritisiere mich.

Was ist das für eine Welt,
voller Melancholie
falschem Lachen
und

einem dauernden Gedanken denken.
Nach vorn und zurück
Tagein, Tagaus,
ein Leben lang

Das ist Liebe

Ich küsste sie. Mitten in diesem schäbigem Hotelzimmer. Und wir wurden eins, ein magisches, unbesiegbares Wesen. Es war, als würden Funken um uns herum sprühen und alles, was sie berührten, in Flammen setzen.

„Du machst mich schwach. Du schleichst dich in mein Herz, nistest dich dort ein und breitest dich von dort über meinen ganzen Körper aus."
„Das ist Liebe. Ich würde für dich bis ans Ende der Welt laufen, weißt du das?"
„Ich weiß. Aber was, wenn das nicht reicht?"
Sie schaute mich an, mit ihren großen, haselnussbraunen Augen und dann schliefen wir beide ein.

Erwachsen werden

Und plötzlich sind wir erwachsen
und vor uns liegt ein Weg,
gepflastert mit Fragezeichen.
Die kindliche Unbeschwertheit
ist schon lange verflogen
und jugendlicher Übermut
verschwindet im Nebel der Ungewissheit.

Die Verantwortung sticht in unsere Rücken
und Zukunftsangst schwebt wie eine
Gewitterwolke über uns
und schüttelt dabei Leistungsdruck die Hand.

Wir sind ungelöste Gleichungen,
frei schwebende Teilchen in der Galaxie
und manchmal auch ein Fehler in der Matrix.

Wir fliehen nach vorn,
immer gegen den Strom.
Alles Geisterfahrer – außer uns,
auf unserer eigenen Autobahn.

Über Depressionen

Depressionen können klein sein,
lästig wie eine Fliege.
Aber an manchen Tagen sind sie groß,
geradezu monströs
und fressen einen von innen heraus auf,
bis nur noch Leere bleibt.

Und du versuchst sie zu füllen mit
Wein und Zigarettenrauch.

Und du denkst, du bist auf das Schlimmste
vorbereitet
und doch trifft es dich wie ein Schlag – jedes
Mal.

Nachts, da schmeißen deine Gedanken eine
Party
und du, du bist der Ehrengast, obwohl du dort
überhaupt nicht sein möchtest.

Die Zukunft gibt der Angst die Hand und
zusammen halten sie dich als Geisel.

Du hast Angst zu leben,
denn bei dem Krieg zwischen Herz und
Verstand,
stehst du genau zwischen den Fronten.

Depressionen sind ein Biest,
dass du nicht töten kannst
- aber du kannst dagegen kämpfen.

Und die Tatsache, dass du immer noch stehst,
dass du immer noch kämpfst,
bedeutet, dass du lebst und dass du dafür bereit bist.

Ein kleiner Kampf ums Weitermachen

Ich glaube, das schlimmste Geräusch ist das Geräusch in der Stimme einer Person, die kurz davor ist zu weinen. In diesem Wegbrechen der Stimme liegt der ganze Schmerz der persönlichen Welt, sonst eingesperrt und weggedrängt, aber doch so real. Und wenn diese Person dann ausatmet, versucht sich zu beruhigen, ist das Zittern in der Luft zu spüren und die Augen füllen sich mit kleinen Seen, die zu Stauseen wachsen bis die Dämme brechen und Bäche aus den Augen strömen. Aus zitterndem Atem wird ein Japsen, ein kleiner Kampf ums Weitermachen. So stand sie vor mir, zitternd und japsend und weinend und ich wusste nicht wohin mit mir, mit ihr, mit uns. Also nahm ich sie einfach in den Arm und sagte nichts, zeigte ihr, dass ich sie verstand, auch wenn ich Welten vom Verstehen entfernt war.

Das Meer (Vielleicht können die Wellen unsere Sorgen brechen)

Mit dem Wind in den Haaren,
dem Sand zwischen den Zehen
und dem Meeresrauschen,
das alles übertönt,
trauen wir uns vielleicht
endlich mal die Masken abzusetzen.

Und wir werden sehen,
wir sind gar nicht so verschieden,
weil wir unter falschem Lächeln
doch das Gleiche fühl'n.

Vielleicht können die Wellen
unsere Sorgen brechen,
in Salzwasser ertränken
und in der Strömung mit sich ziehen.
- Bis sie wieder angespült werden.

Aber solang lass uns laufen.
An den Ort, wo der Himmel das Meer küsst,
denn da muss die Freiheit sein.

Liebe

„Du liebst mich", sagte sie. Mein Magen flatterte. Die totgeglaubten Schmetterlinge regten sich, erst langsam und dann mit voller Wucht. Sie schaute mich lange an. Vielleicht würde sie es sagen. Bitte lass es sie sagen. „Weißt du John, könnte ich etwas fühlen würde ich dich auch lieben. Da bin ich mir sicher." Puff. Vorbei. Der magische Moment.

„Ich tue dir weh", sagte sie. „Ja. Aber das wird mich nicht davon abhalten dich zu lieben. Liebe ist nicht nur hell und wunderschön, Liebe ist auch dunkel und schmerzhaft." „Aber ich möchte dir nicht weh tun. Ich breche dir dein Herz und ich werde dich zerstören." „Ich lasse mir lieber von dir das Herz brechen, als wen anders zu lieben."

Lass mal an uns selber glauben

Hey du,
lass mal an uns selber glauben.
Ans Meer fahren und die größten
Sandburgen der Welt bauen.

Dabei all die Zweifel
und Probleme vergraben.
Türme aus Hoffnung,
mit Flaggen, auf denen "Mut"
geschrieben steht.

Drumherum einen Graben,
in dem die Vergangenheit ertrinkt
und die Angst an den Mauern scheitert.

Und sei es nur für eine Nacht
voll purem Glück.

Musik

Vielleicht sind Goethe und Schiller unserer
Zeit Musiker.
Unsere Gefühle und Gedanken,
Lob und Kritik
an Gott und die Welt,
verpackt in Melodien und Beats.

Texte, die uns berühren,
die nicht auf der einen Seite rein,
und auf der anderen wieder rausgehen,
sondern bleiben, verankert im Herzen.

Musik als Teil des Lebens,
der einen niemals im Stich lässt.
Für jede Emotion,
jede Situation,
gibt es das eine Lied,
das einen versteht.

Liebe II

Ich habe viel gelernt im letzten Jahr zwischen dem falschen Lächeln und den unterdrückten Tränen. Ich habe gelernt, dass die, die sagen, sie bleiben für immer, oft als erstes gehen und dass wahre Liebe meistens nur die halbe Wahrheit ist. Die guten Erinnerungen bleiben, genauso wie die schlechten, verblassen jedoch um einiges schneller. Aber ich habe auch gelernt, dass es Menschen gibt, die für einen da sind, bei denen ich „Ich" sein kann und sei es nur auf einem kurzen Abschnitt. Für immer auf diesem Lebensabschnitt. Und diese Menschen sind wertvoller als alles Andere in dieser Welt, sie halten einen am Leben. Und die, die nicht solche Menschen in ihrem Leben haben oder in ihr Leben lassen, sind einsam und entweder macht sie das unendlich stark oder sie zerbrechen daran. Zerbrechen daran wie sie. Ich weiß, dass ihr ganzes Herz voller Liebe war und dass der Gedanke, diese Liebe mit jemandem zu teilen sie zerstörte. Und ich weiß, dass sie mich geliebt hat, aber der Zeitpunkt der falsche war. Denn der richtige Zeitpunkt ist alles. Wer weiß, wenn wir uns in einem Jahr getroffen hätten, vielleicht wäre alles anders gelaufen. Ich habe ihre Eltern angerufen und ich weiß jetzt, dass die Liebe in ihrem Herzen zu viel geworden ist und sie explodiert ist.

Liebe kann man nicht planen, Liebe passiert. Und irgendwie passt Liebe überhaupt nicht rein in dieses Konstrukt, in dem wir leben, denn Liebe hält sich an keine Gesetze oder Regeln und ja, auch wenn Liebe wunderschön sein sollte, kann sie auch das genaue Gegenteil sein. Ich glaube, dass ich verstehe was sie gemeint hat in ihrem Brief. In ihrem Abschiedsbrief.

Das tragische daran ist, dass wir die, die uns gut tun oft nicht erkennen und wegstoßen und die Falschen in unser Leben lassen. Keiner muss zerbrechen und doch sind es meist die wundervollsten Menschen, die es tun. Und die, die zurückbleiben fragen sich, was sie hätten anders machen können, aber ich glaube nicht, dass man mehr tun kann, als da zu sein. Denn ich frage mich oft, ob ich etwas hätte anders machen können.

Weglaufen III

Es klopfte. Das war bestimmt nur ein Traum. Aber das Klopfen wurde hartnäckiger. Seufzend machte ich die Augen auf. Es war 4:37. Das Klopfen wurde noch etwas heftiger. „Jaja", grummelte ich und ging zur Tür und öffnete sie. Da war keiner, aber das Klopfen war immer noch da. Verwirrt drehte ich mich um und sah haselnussbraune Augen an meinem Fenster. Fluchend machte ich das Fenster auf. „Was zur Hölle tust du hier?", flüsterte ich. „Bring mich hier weg", flüsterte Laura zurück. Perplex schaute ich sie an. Ich musste an gestern denken, an das Zittern in meinen Armen und die Sturzbäche aus ihren Augen und an den Moment, als sie einfach ging. „Bitte was?", fragte ich, wahrscheinlich etwas zu laut. „Ich muss hier raus. Ich kann nicht mehr. Bitte.", stammelte sie und wieder sah ich ein Stück dieser tiefen Verzweiflung in ihren Augen. „Okay, warte, komm erst einmal rein." Ich ging ein Stück zur Seite und Laura schlüpfte durch das Fenster und landete elegant und leise auf meinem Teppich. Ich schaute sie an. Was war passiert? Warum kam sie ausgerechnet zu mir und nicht zu einer ihrer Freundinnen? „Warte hier.", sagte ich und ging ins Badezimmer um mir etwas Richtiges anzuziehen. Was genau tat ich hier? Ich zog doch nicht ernsthaft in Erwägung mit ihr zu gehen? So kurz vor dem Abschluss. Mit einem Mädchen, dass ich eigentlich nicht kannte und ohne jegliche Information. Aber wie es so schön heißt, Herz schlägt Kopf und mein Herz bebte bei dem Gedanken abzuhauen, mit ihr zu gehen und etwas zu tun, was so gar nicht typisch Max war.

Als ich aus dem Badezimmer trat, hatte ich Angst, dass sie vielleicht nicht mehr dort war, dass ich all das nur geträumt hatte oder sie mich lächerlich machen wollte. Aber sie war noch da. Mit einem Nicken forderte ich sie auf mir zu folgen. Wie die Indianer schlichen wir durch das Haus und zu der Garage vor der mein Auto parkte. „Sei vorsichtig", sagte ich zu ihr. Wenn meine Eltern etwas mitbekommen würden… Aber niemand wurde wach und so rollten wir langsam die Einfahrt und die menschenleere Straße hinunter. „Wo willst du hinfahren?", fragte ich sie. Laura zuckte mit den Schultern. Auf einmal wirkte sie seltsam leer. „Weg", sagte sie, „einfach nur weg."

Also fuhren wir. Wir fuhren durch die Stadt, durch Felder, durch kleine und große Straßen.

Rasten mit den Sternen um die Wette über die Autobahn. Auf einmal quietschte Laura vergnügt. „Ich *liebe* diesen Song", rief sie und drehte das Radio laut. So saß sie da. Die Füße auf dem Armaturenbrett, den Kopf in den Nacken und lauthals diesen Song mitsingend. Ich glaube, ich hatte noch nie in meinem Leben so etwas Schönes, so etwas Reines gesehen. „Weißt du, Max, ich glaube, so fühlt sich Unendlichkeit an", lächelte sie mich an. Ich nickte und lächelte zurück, denn verdammt, sie hatte Recht. Wir fuhren und ich weiß nicht, wie viel Zeit verging. Es könnten Minuten, Stunden, Tage gewesen sein, denn die Zeit zwischen uns stand still. Irgendwann mussten wir dann doch anhalten, denn die Tankanzeige näherte sich der Null. Auf dem Rasthofparkplatz fiel mir auf, dass unser Plan einen gewaltigen Fehler hatte. „Laura?", fragte ich vorsichtig. „Was ist?" „Wie machen wir das mit dem Geld? Wir müssen doch irgendwo schlafen, etwas essen, trinken und tanken." Sie lachte. Verwirrt schaute ich sie an. „Ich habe vorgesorgt", sagte sie und stieg aus. Ich tankte den Wagen und ging rein zu ihr. Dort saßen wir, tranken lausigen Tankstellen Kaffee und aßen Chips.

Zusammensetzen

Sag mir, wie willst du mich zusammensetzen,
wenn ich immer weiter gegen Wände laufe?
Sag mir, wie willst du mich zusammensetzen,
wenn ich immer weiter Teile von mir
weggebe?

Ich hab so viel zu sagen

Manchmal, da bin ich glücklich.
Wenn ich zusammen mit meinen Freunden bin
und lache, als hätte ich nichts zu verlieren.

Aber dann trifft es mich auf einmal.
Zittere und weine, tobe und schreie.
Werde überrollt von meinen Gefühlen,
bis mich die allumfassende Leere trifft.

Und ich weiß auf einmal nichts mehr
mit mir anzufangen, denn meine Welt
fällt auseinander und ich,
ich bin eine Zeitbombe,
die jede Sekunde hochgehen könnte.

Und mich zerreißt die Frage,
wie es sein kann, dass ich nichts
aber alles auf einmal fühle.

Und ich hab so viel zu sagen,
mein Kopf explodiert.
Aber wenn ich rede,
hört mir keiner zu.

Also ertrinke ich in unausgesprochenen
Worten, neben unvollendeten Taten.

Und gleichzeitig habe ich Angst
den Mund zu öffnen,
denn ich habe das Gefühl,
dass all die Traurigkeit, Wut und
Verzweiflung einfach so heraussprudeln würde
ohne jemals wieder aufzuhören.